# RÉVOLUTION ALLEMANDE

ET

## ÉQUILIBRE EUROPÉEN

PARIS

E. DENTU, LIBRAIRE-ÉDITEUR,

PALAIS-ROYAL, GALERIE D'ORLÉANS, 17 ET 19.

—

1866

# RÉVOLUTION ALLEMANDE

ET

## ÉQUILIBRE EUROPÉEN

PARIS

E. DENTU, LIBRAIRE-ÉDITEUR,

PALAIS-ROYAL, GALERIE D'ORLÉANS, 17 ET 19.

—

1866

# AVIS AU LECTEUR.

Ce travail, terminé au net le 8 courant, a été présenté le 9 à l'un des grands journaux de Paris et le plus répandu. Des raisons qu'on ne nous a pas fait l'honneur de nous communiquer ont sans doute mis obstacle à son insertion. N'en recevant aucune nouvelle, nous avons écrit ce qui suit, le 18 courant, au rédacteur en chef de cette feuille :

« La nature de cet écrit est toute d'actualité; les
» événements marchent vite, et les commentaires
» dont ils sont l'objet marchent plus vite encore. Il
» importe peu aux choses par qui des vérités sont
» dites; mais, si j'ai eu la bonne fortune d'en émettre
» quelques-unes, il m'importe beaucoup de ne point
» paraître le *plagiaire* de ceux qui les auront livrées

» au public avant moi. Or, c'est ce qui pourrait ar-
» river, si cet écrit ne paraissait pas sous le plus bref
» délai possible. »

Cette lettre étant restée sans réponse, il fallait nous décider, ou à mettre de côté notre opuscule, ou à en faire une brochure; nous avons pris ce dernier parti. Si le lecteur y trouve des réflexions déjà produites par quelques journaux, elles n'en auront que plus de force si elles sont justes : si elles sont fausses on les combattra, et la vérité y gagnera.

AB-TELLI.

Paris, ce 26 septembre 1866.

# RÉVOLUTION ALLEMANDE

ET

## ÉQUILIBRE EUROPÉEN

---

Les événements européens ont depuis quelques années des moments d'arrêt et d'élan si extraordinaires, si imprévus, si alternatifs ; mais, en même temps, la marche du tourbillon qui les porte est si rapide, que les hommes les plus clairvoyants, et par conséquent les masses, pris au dépourvu, ont été complétement déroutés par le drame politico-militaire dont le premier acte vient de se dérouler en Bohême avec une promptitude vertigineuse. Ce coup de tonnerre, qui a bouleversé l'Allemagne et ébranlé l'Europe, a été si retentissant que l'étourdissement qui en est résulté est à peine dissipé. Il ne nous est même pas prouvé que les vainqueurs ne sont pas plus stupéfiés de leur victoire que les vaincus de leur défaite; quoi qu'il en soit, on peut affirmer que pendant quelques jours au moins les spectateurs ont été les plus désorientés de tous.

Cependant, il faut bien reprendre son aplomb, et, comme les faits ont une éloquence irrésistible, il est sage de chercher à se rendre compte des causes vraies qui les ont engendrés, si l'on veut bien saisir les conséquences qui en peuvent découler.

I

## LES CAUSES

Nous admettons tout d'abord que la question des duchés danois, en tant qu'elle a exercé une influence quelconque sur les événements, est dès à présent ramenée par les esprits sérieux à sa véritable importance. Lui donner plus de valeur qu'elle n'en comporte, la considérer autrement que comme un accident déterminant, comme un grain de sable faisant pencher la balance, ce serait, on l'avouera, confondre singulièrement l'apparence avec la réalité ; nous ne nous y arrêterons donc pas.

Pour quiconque a suivi avec attention le travail qui s'est opéré en Europe depuis la Révolution française, le doute n'est plus permis sur un point fondamental dont la saine appréciation peut seule expliquer tout ce qui s'est fait et se fera sur nôtre continent ; à savoir : la nécessité fatale, c'est-à-dire irrésistible, qui pousse les éléments plus ou moins divisés des diverses nationalités à se grouper, suivant les besoins qui les font mouvoir, autour de leur centre respectif. C'est donc de là qu'il faut procéder si l'on ne veut se débattre en vain au milieu des ténèbres.

Dans un écrit qui a précédé de quelques jours à peine l'ouverture des hostilités (1), M. Michel Chevalier s'efforçait d'établir qu'aucune des puissances en présence n'avait de *griefs* qui l'autorisassent à déclarer la guerre..... Les événements sont venus promptement lui prouver qu'il y avait dans les entrailles de cette question bien autre chose que des griefs. En effet, on y lisait en caractères qui brûlaient les yeux : *Unité allemande, ambition prussienne!*

(1) *Revue des Deux-Mondes* du 1er juin : *la Guerre et la Crise européenne.*

Il eût été bien étonnant que l'Allemagne ne sentît pas tres-
saillir la fibre unitaire devant le grand fait de la reconstitution
nationale italienne. D'où que vînt l'initiative d'un mouvement,
il fallait qu'elle fût prise. Or, il existait un homme qui était à
l'affût, guettant le moment opportun; un homme qui appar-
tient désormais à l'histoire au même titre que Cavour, et qui,
s'il n'est pas surtout animé par la grande idée allemande, est
assurément un grand patriote prussien. Cet homme connais-
sait merveilleusement les aspirations de l'Allemagne; il ne
s'arrêta pas devant les dispositions intérieures peu favorables
qui accueillirent d'abord ses dispositions belliqueuses. Les faits
ont donné raison à M. de Bismark: Si la fortune lui a été gra-
cieuse, il est juste de dire qu'il avait beaucoup fait pour méri-
ter ses sourires.

Y a-t-il donc là lieu de tant s'étonner? Divisée, morcelée,
plus ou moins tyrannisée et sucée jusqu'au sang par une foule
de hobereaux, n'était-il donc pas naturel que cette grande
race germanique manifestât énergiquement sa soif de l'unité?
N'était-il pas évident qu'elle s'emparerait avec ardeur du premier point d'appui solide qu'on lui présenterait?

Étant donné la nécessité de l'unification allemande, par
quels moyens pouvait-elle s'opérer?

Si l'on considère l'état de pulvérisation où se trouvait l'Allemagne, il était difficile d'admettre l'initiative des peuples, à
moins de concevoir *à priori* la possibilité de révolutions simul-
tanées dans les principaux États qui la constituaient. Or, cette
révolution générale était impossible. L'initiative d'un des
deux grands gouvernements de l'ancienne Confédération était
seule admissible.

De ces deux gouvernements en présence:

L'un, s'appuyant sur une suprématie de fait, séculaire et jusqu'ici incontestée, mais très-contestable en droit, voulait conserver, voire même accroître cette suprématie;

L'autre, dont la grandeur datait seulement de Frédéric II,

comprenait dans ses États une masse importante de molécules germaniques ; il préparait en silence depuis longtemps les moyens de détrôner son rival. Une occasion s'est présentée ; il l'a saisie avec un à-propos et une audace que chacun reconnaît et que le succès a couronnés. En effet, il n'est plus permis de méconnaître que l'unité nationale complète est en voie de se faire au delà comme en deçà du Mein, et on commettrait, selon nous, une singulière erreur si l'on pouvait supposer que l'Allemagne pût se diviser pour longtemps en deux confédérations. Que si, par impossible, cette dualité était actuellement créée, elle ne pourrait avoir qu'une existence éphémère, jusqu'au moment peu éloigné où la force des choses consacrerait une unité devenue désormais inévitable.

## II

## DE L'UNIFICATION ALLEMANDE

L'unité allemande peut s'établir suivant des formes diverses, car on peut même admettre que sous ce comité de cadavres qu'on appelait la Diète, cette unité existait dans une certaine mesure ; nous ne voyons maintenant que l'une ou l'autre des deux formes suivantes qui puisse l'assurer :

Ou toutes les fractions de l'ancienne Confédération, les unes réunies à la Prusse, les autres conservant leur existence particulière, reconstitueront le nouveau faisceau fédéral qui se trouvera placé dans les mains de la puissance prépondérante, c'est-à-dire de la Prusse ; alors l'unité serait *relative ;*

Ou toutes ces fractions disparaîtront en s'abîmant dans un grand tout compacte, obéissant à une impulsion unique tant pour les affaires du dedans que pour celles du dehors ; alors l'unité serait *absolue* (1).

(1) Nous disons absolue quant à l'immense majorité de l'élément allemand, puisqu'une notable fraction continuera à graviter dans l'orbite autrichienne.

La première forme ne serait évidemment adoptée qu'autant que des membres importants de l'ancienne Confédération, tout en acceptant un lien fédéral nouveau qui créerait une plus grande concentration de la force nationale, voudraient absolument conserver leur existence propre et continuer à s'appeler Saxons, Badois et Bavarois. A chacun de ces titres se rattachent des souvenirs, des traditions qui ont leur importance et dont les hommes d'État allemands sont seuls capables d'apprécier la force actuelle (1).

Que si la seconde forme finit par triompher, ce qui nous paraît inévitable avant longtemps, tous les amours-propres des nationalités particulières se trouveront équilibrés ; il n'y aura plus ni Prussiens, ni Saxons, ni Bavarois ; mais il y aura exclusivement des Allemands gouvernés par le sceptre plus ou moins constitutionnel des Hohenzollern.

Sous laquelle de ces deux formes l'Allemagne pourra-t-elle atteindre son plus haut degré de puissance? Nous pensons qu'ici il faut distinguer : si l'on entend une puissance intérieure ou *défensive* et de *conservation,* il nous paraît que la forme fédérative serait la préférable, car c'est celle qui porterait le moins d'ombrage à l'Europe. Toutefois, l'Allemagne ayant le droit de s'organiser intérieurement, comme elle le jugera convenable, sans se préoccuper outre mesure de l'opinion de l'Europe, si elle adopte l'unité absolue, elle acquerrera une plus grande puissance extérieure, plus apte à *l'agression* et à la

---

(1) La Prusse vient de décider purement et simplement l'annexion du Hanovre, de Nassau, de la Hesse et de Francfort. Cette façon expéditive de procéder est grave ; elle crée un précédent qui peut donner lieu à de grandes difficultés ultérieures. Que par le droit de la guerre la Prusse se soit crue autorisée à renverser les gouvernements et les dynasties, soit ; mais la justice, le droit moderne imposaient le devoir d'exclure les populations des conséquences de ce droit de conquête. On ne *prend* plus les peuples aujourd'hui ; on les consulte. De deux choses l'une : ou ils eussent consenti à se fondre dans le grand tout allemand, alors la cohésion n'en eût été que plus puissante ; ou ils eussent préféré conserver leur autonomie ; dans ce cas il eût été souverainement impolitique de les contraindre. Il est bien imprudent de disposer d'eux comme d'un troupeau de moutons.

*conquête*. Mais qu'elle y prenne garde! L'ancienne Confédération, toute défectueuse qu'elle fût au point de vue de la puissance nationale, avait, quant au dehors, des avantages considérables. Placée au centre de l'Europe, elle remplissait le rôle de contrepoids vis-à-vis des autres puissances, et était un obstacle à leurs ambitions respectives; sa mission était essentiellement *modératrice*. Que, si perdant son sang-froid, l'Allemagne nouvelle oubliait qu'elle est attentivement *observée*, elle pourrait se laisser entraîner par des aspirations qui modifieraient le rôle qu'elle doit jouer en Europe, il y aurait là pour l'avenir de graves causes de conflits, et pour elle-même un danger considérable. Nous ne prétendons pas que l'unité absolue poussera nécessairement l'Allemagne vers un rôle agressif, mais il est certain que cette forme y porte plus que la forme fédérative.

Quoi qu'il arrive, unité relative ou unité absolue, l'Europe n'a rien à y voir tant que l'Allemagne se conduira de manière à ne pas exciter ses craintes; car, si sa position nouvelle lui crée de grands droits, elle lui impose aussi de grands devoirs.

De son côté, la Prusse devra bien faire attention que si l'Allemagne est disposée à accepter son initiative pour parfaire son unité, il est douteux que les nationalités particulières consentiront à perdre leur nom pour l'échanger contre le sien; elles sont allemandes avant d'être hanovriennes, saxonnes, etc. C'est donc un grand État *allemand* qui devra remplacer l'ancien ordre des choses, et non un grand État *prussien*. Nous ajoutons même que si le gouvernement prussien est habile, il devra choisir une autre ville que Berlin pour centre politique et administratif du nouvel État. Par là il donnerait la preuve qu'il obéit à l'idée nationale allemande plutôt qu'à l'idée d'ambition prussienne.

D'ailleurs, stratégiquement parlant, tant que la Pologne ne sera pas reconstituée, la position de Berlin n'offrira pas, du côté de la Russie, une suffisante sécurité. Quant à l'action politique et administrative au dedans, cette position ne sera pas assez centrale pour le nouvel État. Mais, quelle pourrait être cette nouvelle capitale ? Grave question (1).

Dresde est trop voisine de la frontière autrichienne ; Hambourg ne pourrait convenir qu'à un État qui se destinerait à un commerce maritime considérable ; or, tel ne nous paraît pas être le rôle réservé à l'Allemagne ; Francfort est bien près du Rhin.

Située à cent vingt-cinq kilomètres sud-ouest de Berlin ; plus éloignée d'autant de la frontière russe, plus rapprochée de cent kilomètres du centre géographique du nouvel État ; de plus, assise sur l'Elbe et au fond du grand rentrant qui regarde la Russie, Magdebourg nous paraîtrait présenter une position normale à plus d'un point de vue. Mais ce changement de capitale n'aurait surtout sa raison d'être qu'au cas de l'unification absolue.

Il est une question d'organisation intérieure dont doit surtout se préoccuper le gouvernement prussien. Quelles qu'aient pu être et quelles que soient actuellement les sympathies personnelles de M. de Bismark à l'endroit de telles ou telles institutions politiques, nous avons une trop haute opinion de son intelligence pour croire qu'il n'est pas particulièrement préoccupé de celles qui conviennent à l'Allemagne. Il n'a pas terminé son œuvre par cela seul qu'il est parvenu à exclure l'Autriche de l'Allemagne ; elle ne sera même pas complète quand il aura réussi à créer l'unité germanique. Il aura à accomplir un troisième travail non moins important que les deux précédents ; il lui restera à fonder dans sa patrie *allemande* l'édifice d'une liberté sérieuse et solide.

Nous ne chercherons pas à démontrer si même il n'eût pas été plus prudent de fonder cette liberté en Prusse avant de s'engager dans la guerre qu'il a si audacieusement entreprise

(1) *De la capitale d'un État.* (Voir le *Courrier du Nord* de Valenciennes des 4 et 6 novembre 1861.)

et si heureusement terminée ; le grand Cavour lui avait donné un exemple mémorable à suivre. Le pouvait-il ? le voulait-il même ?... Il se peut que ses succès militaires n'eussent été ni plus rapides ni plus éclatants, mais nous sommes convaincu que la reconstitution de l'Allemagne lui eût été rendue plus facile.

Le gouvernement prussien assurera pour toujours l'unité germanique si, à la puissance de l'idée qui pousse tous ses compatriotes vers cette unité, il ajoute celle d'institutions libérales larges et sincères. C'est là ce que les hommes sérieux attendent pour juger M. de Bismark. Il a bien prouvé jusqu'ici l'habileté et l'audace de l'homme d'action ; il dépend de lui maintenant de prouver qu'il est un homme d'État complet, en prouvant tout d'abord qu'il connaît bien les temps où il vit. C'est par la liberté qu'il ramènera naturellement à soi les populations qui murmureraient contre la perte de leur autonomie ; c'est par la liberté qu'il rendra vains les efforts qui pourraient être faits du dehors pour entraver l'unification de sa patrie. Hors de là pas de salut ! Qu'il y songe, s'il craint que l'histoire n'ajoute à son nom l'épithète de *Casse-Cou* au lieu du titre de *Grand*.

## III

**Conséquences hypothétiques de la Révolution allemande touchant la nouvelle position relative des États européens.**

## DE L'ÉQUILIBRE EUROPÉEN

Quand la puissance austro espagnole, sous Charles Quint, puis sous Philippe II, prétendit à la monarchie européenne ; quand, plus tard, Louis XIV put, à tort ou à raison, faire supposer la même pensée, il se comprend que les autres États alarmés sentirent la nécessité d'opposer des digues à des aspirations anormales. Alors surgit l'idée d'un certain équilibre des forces européennes. Cette idée n'était pas nouvelle ; on en peut voir une certaine application sous les successeurs de Dioclétien, jusqu'au moment où la force des événements concentra la puissance romaine dans une main unique. Mais la possibilité de l'équilibre devait plus vivement frapper les esprits dans l'Europe moderne, divisée en un nombre notable d'États indépendants. Aussi a-t-on vu encore, au commencement de ce siècle, cette idée réunir tout le continent contre Napoléon I<sup>er</sup>, et, tout récemment, la France et l'Angleterre se liguer pour mettre des obstacles aux tendances très connues de la politique russe qui menaçait de détruire cet équilibre.

On peut dire que, dans les temps présents, les forces respectives des États européens, sans être parfaitement égales, sont dans une situation telle que pas un d'eux n'est en position en ce moment d'aspirer raisonnablement à la conquête universelle ; l'ambition est forcément réduite à une question d'influence plus ou moins sensible. Sans doute, la folie humaine n'a pas dit son dernier mot ; on pourra voir encore des ambitieux qu'empêcheront de dormir les sinistres lauriers de Gengis-Kan et de Tamerlan ; mais comme aujourd'hui les peuples ne sont pas disposés à faire bon marché de leur sang et de leurs richesses, ces aspirations d'un autre temps ne pourront, de longtemps au moins, avoir des conséquences graves.

La Russie sera certainement dans deux cents ans, peut-être même dans un siècle, en position d'asservir l'Asie et de gravement menacer l'Europe si, dès à présent, cette dernière ne l'oblige à tourner son activité vers la Sibérie et le plateau de la Tartarie ; mais en ce moment elle a trop à faire chez elle pour pouvoir beaucoup inquiéter les autres. Toutefois, ne la perdons pas de vue un instant ; là est le vrai danger de l'avenir.

Il nous paraîtrait donc exagéré de considérer l'équilibre des forces européennes comme rompu par cela seul que l'Allemagne réunirait ses éléments de puissance si dispersés jusqu'ici ;

encore moins serait-on en droit d'admettre qu'il en pût résulter des dangers pour l'existence d'une grande puissance quelconque. Nous oserons même affirmer que la nouvelle organisation de ce grand pays a pour conséquence immédiate d'arrêter l'action dissolvante de la politique russe au sein même de l'Allemagne qu'elle tendait à diviser de plus en plus.

Nous avouons avoir plus de confiance dans le bon sens des peuples que dans la sagesse des gouvernements; mais notre confiance est bien plus grande encore dans les intérêts créés par le commerce et l'industrie modernes; plus les intérêts des nations seront mêlés, moins elles seront portées à céder aux passions factices qui les ont trop gouvernées jusqu'ici, et les ont aveuglément, stupidement poussées à s'égorger pour satisfaire à l'orgueil, à la vanité et aux appétits désordonnés de quelques ambitieux. Que chacun soit puissant pour se défendre, nul ne le sera pour attaquer.

## IV

Jetons maintenant un coup d'œil rapide et comparatif sur chacun des grands et petits États de l'Europe. Si nous réussissons à donner une idée à peu près exacte de leur force relative, on appréciera jusqu'à quel point l'unification, même absolue, de l'Allemagne doit inspirer de craintes sérieuses. Nous prévenons tout d'abord que, nous affranchissant de toute étroite jalousie nationale, nous ne nous inspirerons que du danger vrai que pourrait courir l'équilibre européen; et comme c'est l'Allemagne nouvelle qui préoccupe certains esprits, c'est par elle que nous commencerons.

## ALLEMAGNE

La population, en tant que nombre, étant considérée comme le premier élément de force des États, voyons à quel chiffre celle de l'Allemagne nouvelle s'élèvera.

Le nombre total de la race germanique est de 48,000,000 d'âmes; dont il convient de déduire les parties englobées dans d'autres États qui resteront en dehors de l'unité nationale, tels que les Pays-Bas, Belgique, Suisse, France, Russie et Autriche, soit 15,000,000 d'âmes. Il restera donc 33,000,000 pour l'Allemagne nationale (1). Si on admet que des vices d'organisation politique et sociale, plutôt que l'insuffisance du sol, sont la cause des émigrations considérables de la race allemande vers l'Amérique, on admettra aussi qu'une organisation nouvelle qui fixerait mieux l'habitant au sol natal solliciterait l'augmentation de la population. Le chiffre précédent pourra donc s'accroître dans la même proportion à peu près que celui d'autres nations européennes. Mais, quant à présent au moins, cette population n'a rien d'inquiétant puisqu'elle n'occupe que le quatrième rang en Europe.

Obéissant à une impulsion unique, le nouvel État aura une puissance militaire plus considérable que celle de l'ancienne Prusse, mais inférieure à celle de l'ancienne Confédération : à ce point de vue, l'Allemagne actuelle sera donc moins forte que cette dernière. D'ailleurs, observée à l'est par la Russie, au sud par l'Autriche, à l'ouest par la France, il n'est pas un esprit dégagé de préventions qui ne reconnaisse que l'Allemagne ne pourrait devenir inquiétante qu'à la condition d'une alliance offensive avec un autre État puissant. Mais cette alliance n'est raisonnablement supposable qu'autant que l'Allemagne elle-même serait menacée d'un autre côté; dans ce cas, cette alliance offensive aurait un but d'ordre européen.

Morcelée et tiraillée par ses divers gouvernements, l'ancienne Confédération ne pouvait guère devenir une puissance maritime. Quatre de ses États seulement occupaient des ri-

(1) Au dernier moment nous nous apercevons que nous avons oublié d'ajouter à ce chiffre 2,500,000 âmes environ, représentant les habitants du duché de Posen et des Prusses orientale et occidentale, qui feront partie de l'Allemagne, quoique étrangères à la race germanique. Le chiffre total sera donc de 35,500,000 habitants environ.

vages : l'Autriche sur la Méditerranée, la Prusse sur la Baltique, Hambourg et le Hanovre sur la mer du Nord. L'Autriche étant désormais hors de l'Allemagne, cette dernière n'a plus de débouchés maritimes que sur la Baltique et la mer du Nord; mais elle peut maintenant, mieux concentrée, consacrer une partie de ses ressources à la création d'une marine de guerre. Cette marine pourra devenir importante sans doute, mais on ne croira pas assurément qu'elle puisse menacer l'Europe, ni même la France. Le Danemark, la Suède et la Russie verront certainement cette création avec des sentiments peu favorables; nous dirons bientôt comment les deux premiers de ces États pourront faire équilibre à cette force nouvelle ; quant à la Russie, elle ne nous semble pas avoir des raisons suffisantes pour s'en émouvoir outre mesure.

L'Allemagne seule ne peut donc inquiéter l'Europe en général, ni même en particulier aucune des autres grandes puissances. Elle a avec celles-ci, contre la Russie, des intérêts communs d'avenir qui lui font une nécessité de ne point éveiller leurs susceptibilités.

Sa position au centre du continent ne lui assigne pas, quant à présent, d'alliance bien déterminée ; elle lui fait une nécessité d'être en bonne intelligence avec tout le monde.

De tout ceci, peut-être est-il permis de conclure que la puissance de l'Allemagne, loin d'être agressive est au contraire et doit être essentiellement *défensive,* et, toute organisation des autres États européens qui auraient pour but de la forcer à conserver cette situation, serait salutaire à l'Europe, et plus encore à elle-même.

## SCANDINAVIE

S'il est une union indiquée par la nature même des choses et par celle des événements actuels, c'est assurément celle des royaumes scandinaves.

Depuis la perte du Holstein et du Sleswig, le Danemark se

trouve réduit à une population de 1,730,000 habitants. En contact avec l'Allemagne unifiée, il semble difficile de croire que cette microscopique monarchie ne soit pas finalement absorbée si elle reste réduite à ses propres forces.

La Suède et la Norwége présentent une population de 5,349,000 âmes. Cette monarchie doit songer elle-même à se fortifier. L'union absolue avec le Danemark, ou une confédération scandinave, profiterait donc à ces petits États de l'extrême Nord, et serait certainement soutenue par l'influence de plus d'une grande puissance.

L'union offrirait une population de 7,797,000 âmes; elle pourrait, au besoin, mettre 200,000 hommes sous les armes et avoir une flotte de guerre assez importante. Dans ces conditions, nous pensons que l'Allemagne réfléchirait avant de tenter la conquête du Danemark, dont la possession serait loin de faire contrepoids aux difficultés qu'elle se créerait avec les puissances intéressées à la conservation de ce petit État.

L'Europe a sans doute pour devoir de faire silence devant l'unification allemande; mais le moindre envahissement extranational provoquerait certainement une ligue dont elle n'a probablement pas la prétention de pouvoir supporter le poids.

## CONFÉDÉRATION DU RHIN-INFÉRIEUR

L'homme s'agite et Dieu le mène! Il y a trente-six ans qu'une révolution aussi subite que profonde séparait la Hollande de la Belgique. Il eût été alors bien téméraire de prédire qu'un jour la force des événements et l'intérêt de leur conservation respective, ferait à ces deux pays une nécessité de s'unir de nouveau, sinon au même titre que jadis, au moins par des liens fédératifs. Nous n'hésitons pas cependant à affirmer que cette nécessité est aujourd'hui imminente, et cette confédération aurait surtout une importance extrême si on y joignait les provinces rhénanes, prussienne et bavaroise; nous nous expliquons :

Nous disons en principe : il est utile que deux grands États soient le moins possible en contact.

Après la Révolution que vient de commencer l'Allemagne, sous la puissante impulsion de la Prusse, le contact immédiat de cette dernière avec la France est un danger. Les provinces de la rive gauche ont fait partie de la France. Désirent-elles rentrer dans la grande famille dont les événements les ont séparées ? Voilà une question qu'un vote libre des populations pourrait seul résoudre. Quoi qu'il en soit, nous avons la ferme confiance que le gouvernement de la France persévérera dans la sage circonspection dont il a fait preuve à ce sujet. Mais si la prudence lui ordonne la modération dans une affaire qui nous intéresse personnellement, il n'est pas tenu à la même réserve dès que notre intérêt direct est mis hors de cause et qu'il s'agit principalement d'un intérêt d'ordre européen.

Demander que ces provinces se constituent en un État indépendant et *neutre,* ainsi que l'a proposé le *Siècle* depuis quelques jours, ou qu'elles se réunissent, sauf leur consentement, avec la Belgique et la Hollande, ainsi que nous le proposons ici, c'est poursuivre une politique prévoyante et sage. Que si ces provinces se refusaient à constituer un État indépendant neutre et isolé, ou confédéré, assurément il n'y aurait pas lieu de les y contraindre ; mais avant de se déterminer dans ce sens, elles devraient bien réfléchir à ceci : indépendantes et neutres, elles ne courent que peu ou pas de risques de se trouver mêlées à des conflits particuliers ; continuant à faire partie intégrante de l'Allemagne, elles devront s'attendre aux conséquences qui pourraient résulter de cette situation ; car la France continuera à se trouver en contact avec l'Allemagne suivant une frontière de 400 kilomètres de développement ; dans le cas contraire, ce développement se trouverait réduit à 150 kilomètres environ de Carlsruhe à Bâle, et cette frontière serait le Rhin lui-même.

La France, qui n'a nul besoin de conquêtes, mais qui doit

songer à faire respecter son sol, serait par là affranchie des préoccupations légitimes que lui causent les frontières tracées par la Sainte-Alliance ; de plus, elle a droit à cette réparation.

La Confédération neutre du Rhin inférieur donnerait une population de 11,000,000 d'âmes à peu ; elle pourrait au besoin mettre sous les armes 250,000 hommes pour faire respecter sa neutralité. Nous ajouterons que les ressources fédérales pourraient entretenir une flotte très-importante dont le noyau existe déjà en Hollande.

### FRANCE ET ANGLETERRE

Nous n'avons rien à dire de la puissance de la France ; l'univers la connaît.

Si l'Angleterre, dominée encore par une oligarchie qui a pour mission et croit de son devoir et de son intérêt de jalouser éternellement la France, pouvait abdiquer une politique étroite et personnelle à l'excès, nous verrions dans ces deux grands États le puissant noyau d'une grande *Confédération occidentale,* dont ferait partie la péninsule espagnole et l'Italie ; des traditions et des origines communes indiquent cette organisation pour des éventualités plus ou moins éloignées.

La France est *faite,* et, à moins d'un mouvement spontané des pays de la rive gauche du Rhin vers une fusion, elle peut se contenter et être fière des frontières que lui a tracées la nature et qu'elle a si laborieusement obtenues dans l'ordre politique. Elle représente par sa magnifique et puissante nationalité un principe qui, tant qu'il n'aura pas reçu en Europe toute l'application indiquée par la nature des choses, la fera considérer comme la protectrice naturelle des peuples qui s'agitent pour atteindre le même but.

Comme elle n'a rien à *prendre* à personne, elle n'a aucune raison sérieuse de conflit, et il lui est permis d'entendre en souriant les élucubrations alsaciennes et lorraines de quelques esprits allemands grisés de nationalité.

## ITALIE

Si cette belle Péninsule n'est pas encore faite suivant toutes les conditions nécessaires, la voilà désormais en position de se faire; car, elle n'est pas faite par cela seul qu'elle a obtenu ses frontières naturelles, et qu'elle est maîtresse chez elle, il faut encore qu'elle soit maîtresse d'elle-même. Pour que ce but soit atteint, il importe que la fusion de ses molécules organiques soit opérée. Ceci sera l'œuvre du temps, qui est le grand édificateur en même temps que le grand destructeur de toutes choses.

L'Italie a tant à travailler chez elle qu'il serait désirable qu'elle ne dût prendre part que le moins possible pendant quelques années aux complications du dehors. Elle est pauvre avec beaucoup d'éléments de richesse; il faut qu'elle devienne riche. Ses parties constitutives sont mal jointes encore; il faut qu'elle les soude solidement, en attendant qu'elle puisse les fondre en un tout parfaitement compacte et homogène. Elle a donc, ainsi que l'Allemagne, un grand intérêt à demeurer dans de bons termes avec tout le monde. Mais il est surtout deux puissances dont elle doit rechercher et maintenir l'amitié : d'abord, la France, qui lui a prouvé sa fraternelle affection; puis l'Autriche, hier encore sa plus mortelle ennemie. En dehors même de la reconnaissance, trop souvent fragile, elle comprendra qu'il est dans ses intérêts de se *souvenir*.

Quoique la paix la plus longue possible soit pour elle d'une utilité de premier ordre, il peut surgir d'un moment à l'autre, vers l'Orient, telles complications qui lui feront une nécessité de remplacer son inimitié séculaire contre l'Autriche par une alliance étroite. Elles sont toutes deux sur le seuil des grands conflits futurs; elles auront besoin l'une de l'autre.

Alliée de la Prusse pour un cas spécial, séparée d'elle et de l'Allemagne par l'Autriche, il ne nous paraît pas qu'il puisse surgir désormais pour l'Italie une nouvelle cause d'alliance avec elle.

Enfin, au point de vue de la pondération des forces européennes, l'unité de l'Italie compense suffisamment l'unité de l'Allemagne.

## AUTRICHE ET ÉTATS DANUBIENS

La vieille Autriche est bien morte ! Elle est descendue au tombeau enveloppée dans le vaste linceul sur lequel est inscrit la longue et lugubre histoire de la politique la plus dépourvue d'entrailles, la plus immorale peut-être qui fût jamais.

Rejetée du sein de l'Allemagne, la nouvelle Autriche, libre désormais de s'occuper exclusivement d'elle-même, a l'une de ces deux routes à suivre :

Ou elle se laissera conduire, comme la défunte, par une aristocratie inintelligente et gonflée d'orgueil; dans ce cas, d'autres catastrophes ne tarderont pas à succéder à Sadowa. Car c'est bien moins par l'intelligence militaire et le fusil à aiguille des Prussiens qu'on peut expliquer la déroute si rapide et si profonde d'une armée, d'ailleurs si brave et si solide, que par la décrépitude d'une organisation politique et administrative dont le mécanisme vermoulu craquait de toutes parts. Il a fallu une désorganisation bien grande pour faire céder si vite la ténacité proverbiale de ce gouvernement, et surtout pour lui faire accepter la flétrissure qu'imprime sur son front l'abaissement de la Saxe qu'elle abandonne à la discrétion de la Prusse.

Ou, brisant violemment avec le passé, elle marchera hardiment sous le souffle de l'esprit moderne à la conquête de nouvelles destinées. Au rôle stérile qu'elle jouait en Allemagne, elle substituera un rôle plus productif pour elle-même et pour la civilisation. C'est vers l'Orient que ses regards doivent se tourner; il importe qu'elle soit le noyau d'une *Confédération orientale* dont pourraient faire partie la Valachie et la Moldavie, et où entreraient peut-être avant longtemps la Bulgarie, la Servie et la Bosnie, quand le flot turc se sera retiré définitivement en Asie où il retrouvera son niveau normal.

Composée des éléments ci-dessus, cette Confédération présenterait une masse de 43,000,000 d'âmes environ, dont 35 millions pour l'Autriche. Si un lien fédéral pouvait réunir ces éléments en une masse solide, l'Europe se trouverait suffisamment garantie de ce côté contre les projets de la Russie. La réalisation de cette idée n'est peut-être pas impossible si l'on parvient à sauvegarder les intérêts respectifs. Ce nouvel État confédéré serait posé sur deux mers; à l'ouest, sur la Méditerranée; à l'est sur la mer Noire. Il pourrait donc posséder une flotte de guerre très-respectable dont une partie réservée à la mer Noire ferait échec à la flotte russe (1).

La politique autrichienne doit tendre constamment à préparer cette Confédération. En effet, il ne faut pas qu'elle oublie que la Bohême est bien près de l'Allemagne et que cette province contient près de 2,000,000 d'habitants de race germanique. Tout attaché que ce pays se soit montré aux Habsbourg, l'Autriche devra craindre d'aider, par une politique illibérale, les manœuvres de l'Allemagne qui tenterait de la détacher d'elle. Ne fût-ce donc que par excès de prévoyance des éventualités possibles de l'avenir, elle doit chercher à se créer des liens étroits avec les contrées danubiennes, car une grande puissance est nécessaire de ce côté.

Nous avouons avoir été grandement surpris de l'attitude réservée de la Hongrie pendant le récent conflit. Nous nous étions attendu à voir son soulèvement marcher parallèlement avec les armées prussienne et italienne. Ayant manqué cette

---

(1) Cet empire peut bien subir pendant un temps déterminé le traité qui a exclu sa marine de cette mer (comme nous avons subi nous-mêmes les traités de 1815); mais tôt ou tard il revendiquera sa position, et on ne pourra raisonnablement pas s'y opposer, dès lors que Constantinople serait mise à l'abri de ses convoitises.

occasion de recouvrer sa complète indépendance et de former
elle-même le pivôt de la Confédération orientale, son intérêt
nous semble devoir résider maintenant dans une étroite alliance
avec l'Autriche, après avoir-obtenu toutes les garanties d'indépendance et de liberté qu'elle a droit d'exiger.

### GRÈCE ET TURQUIE

*Il faut que l'Europe se rapproche de l'Asie.* Cette évolution nous paraît être une nécessité des temps. En effet, d'une
part, le moment n'est pas très-éloigné où le courant de l'émig-
ration et de l'activité européenne, changeant de direction, se
portera sur l'Asie occidentale, comme jadis fit la Grèce.
D'une autre part, la reconstitution d'un grand État grec et le
refoulement de l'empire turc européen en Asie-Mineure, nous
semblent deux faits inévitables à une époque peu éloignée (1).
Tout le monde connaît les tendances vers la réalisation du
premier; chacun connaît aussi cette vérité : *Les Turcs* sont un
*campement asiatique* en Europe.

La Grèce moderne nous paraît destinée à former le noyau
d'un nouvel État en se réunissant à la masse de la population
professant la religion grecque qui couvre la Macédoine et la
Thrace. On trouverait donc là un groupe de 10 millions d'âmes
environ. Mais nous ne verrions pas la nécessité que Constantinople fût la capitale du nouvel État. Nous dirons plus loin
quelle destination nous voudrions qu'on assignât à cette grande
ville, tant pour faire taire les ambitions qui s'agiteraient autour
d'elle que pour favoriser les progrès du christianisme vers
l'Asie.

La capitale du nouvel empire, dont la position serait essentiellement maritime, pourrait être choisie sur la partie du rivage
méditerranéen qui regarde l'Asie. C'est en passant par ces

(1) Nous engageons tout lecteur qui voudra bien pénétrer dans cette
grande question des nationalités européennes à consulter l'*Atlas politique
de l'Europe,* publié récemment par l'éditeur Dentu.

contrées que l'influence de la civilisation européenne se dirigerait sur l'occident de l'Asie. Si donc on trouvait sur la côte qui règne de Salonique au golfe de Volo, une ville maritime favorable à la création d'un grand port militaire et surtout commercial, elle occuperait, par rapport au reste de l'empire, une situation aussi centrale que peut l'être la capitale d'un peuple destiné à un commerce maritime important. Salonique, point extrême nord de cette partie de la côte, serait plus centrale ; Volo, point extrême sud, aurait peut-être une meilleure position défensive. Mais on conçoit qu'une semblable question se résoudra toujours favorablement quand le moment en sera venu.

Les populations d'origine turque ou professant la religion mahométane qui se trouvent disséminées dans la Turquie d'Europe représentent environ 2,500,000 âmes. Elles reflueraient nécessairement (en grande partie au moins) vers l'Asie-Mineure, devenue le siége du nouvel empire turc, qui, mieux concentré, pourrait constituer dans l'avenir un État capable d'arrêter les progrès des Russes au sud du Caucase. Car nous ne pouvons avoir la prétention de faire disparaître de cette partie de l'Asie une population de 6 millions de musulmans d'origine commune, dont le temps a consacré l'existence, et qui, en somme, a droit à sa place au soleil. D'ailleurs, nous prions de croire que nous ne prêchons pas ici une croisade contre les Turcs ; nous croyons même qu'il ne serait pas impossible, au lieu de les dépouiller purement et simplement par le droit de conquête, de trouver une combinaison financière qui indemnisât les possesseurs musulmans actuels du sol européen.

Mais nous avouons que pour voir réussir une telle combinaison, il importerait que les Turcs fussent bien pénétrés de ces deux vérités :

1° Que leur domination en Europe touche à sa fin ;

2° Que le seul moyen de sauver leur existence est de concen-

trer toutes leurs forces sur une surface d'une étendue normale
et que nulle puissance européenne, si ce n'est la Russie, n'est
disposée à leur contester.

Donc, le nouvel empire turc, replié sur lui-même à son véritable centre de force, développerait dans une mesure quelconque, d'abord, les éléments civilisateurs dont ont pu le pénétrer ses relations séculaires avec l'Europe, puis aussi les
richesses latentes d'une contrée qui fut l'une des plus floris-
santes de l'ancien monde. Il se formerait là une civilisation
semi-européenne et semi-asiatique, et qui préparerait ce pays
à recevoir ultérieurement une civilisation plus complète.

### POLOGNE ET RUSSIE

Qu'est-ce que la question polonaise? L'âme de l'Europe
chrétienne, qui sent plus qu'elle ne calcule les termes divers
d'un problème politique et moral, répond : C'est la réparation
nécessaire d'un détestable crime politique, crime qui pèse sur
la conscience et l'existence de l'Europe de tout le poids des
années qui se sont écoulées depuis sa perpétration, et aussi de
tout le sang qui s'est échappé des veines d'un peuple malheu-
reux et héroïque, sans que ses bourreaux aient pu parvenir
à en tarir la source féconde. Mais derrière cette perspective
sentimentale et morale, la raison politique se dresse et par la
voie de quiconque ne perd pas de vue l'avenir s'écrie : La question polonaise... c'est la civilisation européenne !

Ainsi donc, les deux principaux termes du problème se dé-
gagent; le sentiment et les intérêts se donnent la main pour
contracter l'union par excellence.

Réparation d'un crime et refoulement de l'invasion-russe,
telle est la tâche imposée à l'Europe, mais surtout à l'Allemagne et à l'Autriche, qui ont coopéré au forfait. L'Allemagne
aurait là une belle occasion d'inaugurer dignement sa nationalité ! Le massacre et la spoliation de la Pologne par trois
larrons couronnés est un fait dont le christianisme doit gémir ;

c'est une tache sanglante qui souillera l'étendard du grand Crucifié tant qu'une réparation n'aura pas été faite à la conscience européenne indignée. Que l'Allemagne y songe..... c'est en reconstituant la nationalité polonaise qu'elle consacrera la sienne à jamais. D'ailleurs, cette reconstitution importe à sa propre sécurité autant qu'à celle de l'Autriche, qui doit y concourir et prouver par là qu'elle a rompu avec le passé. Pour quelques lambeaux de territoire qu'elles perdraient, elles récolteraient l'avantage de s'isoler complétement de la Russie ; d'où moins d'occasions pour des conflits futurs.

Une Pologne formée d'éléments homogènes pourrait présenter une masse de 15 à 20,000,000 d'âmes. Cet État *neutre* séparerait en partie la Russie du reste de l'Europe; cette dernière puissance en serait d'autant plus sollicitée à porter son activité vers la Sibérie ; car, c'est dans cette direction qu'il est utile, pour la tranquillité de l'Europe, de voir fluer le trop plein d'une population qui, dans un siècle peut-être, pourra s'élever à 150 ou 200,000,000 d'habitants.

Chrétiens, les Russes iront planter la croix vers les extrémités de l'Asie orientale, pendant que de son côté l'Europe pèsera insensiblement sur l'occident de cette partie du monde. C'est ainsi qu'on verra un jour la civilisation chrétienne envahir ce vaste continent déjà tourné par elle au sud, et endormi depuis tant de siècles au milieu des débris de civilisations éteintes.

Poursuivant sa marche, la Russie se trouvera un jour aussi face à face avec la grande république américaine... Peut-être est-il dans les nécessités des choses humaines que le plus extrême despotisme se rencontre front à front avec la plus extrême liberté.

On lisait dernièrement dans le *Journal de Saint-Pétersbourg* quelques réflexions qui ne manquent pas d'intérêt : elles ont trait aux relations actuelles de la Russie et de l'Amérique du Nord, comparées à celles que la première entretient avec l'Europe centrale et occidentale. Ce journal fait ressortir la froideur de celles-ci et la cordialité de celles-là, et il ajoute :

« C'est pourquoi notre amitié pour l'Amérique s'explique
» pleinement aussi bien que la gêne qui existe ordinairement
» dans nos relations avec les puissances occidentales, par la
» tendance naturelle du jeune pour le jeune, et par l'indiffé-
» rence non moins naturelle de la jeunesse pour la *vieillesse*
» qui perd toute espérance d'avenir. »

Nous soulignons un mot qui pourrait donner lieu à une question de philosophie politique et sociale fort intéressante ; voulant rester dans le domaine des faits positifs probables, nous nous bornerons à dire qu'on s'exposerait à se tromper gravement si on voulait juger les lois d'existence des nations modernes d'après celles des nations de l'antiquité païenne. On peut dire en toute vérité que les nations commencent à mourir quand l'homme commence à perdre la conscience de l'immortalité de son être spirituel et à ne voir que la moins bonne partie de lui-même : la matière. En effet, l'homme n'est vraiment grand que par l'esprit et par l'âme ; or, le christianisme, père des peuples actuels, est la religion de l'âme et de l'esprit. Il exerce sur eux des effets qui ont quelque analogie avec ce que nous dit la Fable de ceux produits sur Antée par la Terre. Ces peuples peuvent se modifier et se transformer sans vieillir, rien qu'en se retrempant dans ces principes régénérateurs d'où ils sont sortis. Ou le christianisme n'est pas le dernier mot de l'humanité, ou telle doit être la loi du progrès qu'il a créé.

Nous pensons donc que la politique russe commettrait une grave erreur si elle comptait sur la décrépitude des nations occidentales pour les conquérir un jour. Si ce fait pouvait se produire, il résulterait d'abord d'un défaut d'accord permanent de ces nations entre elles, et non de la faiblesse que l'âge engendre, puis aussi de l'énorme puissance que pourra acquérir la Russie dans un ou deux siècles, si elle ne se fractionne pas, ce qui serait bien extraordinaire. C'est donc ici le lieu de répéter cette question déjà posée par le XVIII° siècle : la Russie est-elle dès à présent et sera-t-elle dans l'avenir un danger pour l'Europe ? En un mot, sera-t-elle un jour en mesure de la conquérir ? Voltaire a prétendu que l'Europe serait conquise ; Rousseau a dit que la Russie serait de nouveau subjuguée par les Tartares, et il a prédit le même sort à l'Europe. Voilà deux avis bien différents de deux bien grands esprits !

Oui, la Russie peut devenir dans un temps donné une puissance dangereuse pour la civilisation, à laquelle elle n'a rien à communiquer de supérieur, si elle conserve son unité, et si, dès à présent, il ne s'établit un accord européen pour l'obliger à se porter vers l'Asie septentrionale, où elle peut au moins porter un progrès relatif. C'est donc par une politique constamment vigilante que l'Europe doit incessamment repousser la Russie vers l'est, puisque c'est dans cette direction que marche la civilisation moderne, dont elle doit être une des avant-gardes, avant-garde peu sûre et qu'elle devra empêcher de se retourner contre le corps de bataille.

La Russie est donc la seule puissance qui puisse mettre en péril l'équilibre européen.

## LA PAPAUTÉ

Quand Constantin transféra le siége de l'Empire romain de Rome à Constantinople, il obéit sans doute à une idée de conservation politique. L'Occident était devenu complétement Romain, et la présence du pouvoir suprême n'y était peut-être plus indispensable. L'Orient et l'Asie, au contraire, frémissaient encore quelquefois sous le joug du peuple-roi ; la présence de cette autorité pouvait donc y faire cesser les derniers symptômes de résistance. Si cette pensée était juste, si c'est bien elle qui a inspiré Constantin et non un simple caprice de despote, évidemment Constantinople occupait la position la plus favorable à ses vues, puisqu'il fortifiait l'empire par son côté le plus faible. L'empire d'Orient n'est tombé définitivement que dix siècles après celui d'Occident; si cette plus longue durée pouvait être attribuée à cette évolution, son auteur serait suffisamment justifié aux yeux de l'histoire, qui a diversement apprécié ce grand acte politique.

Si ce fait de l'ordre temporel a trouvé sa raison d'être, un fait analogue dans l'ordre spirituel ne pourrait-il aussi trouver la sienne? L'Empire romain d'Orient ayant puisé des conditions de plus longue existence dans ce changement de front du pouvoir politique, le christianisme ne pourrait-il trouver des raisons de progrès dans un changement de front semblable du pouvoir religieux? L'occident de l'Europe est, dans ce moment, aussi chrétien qu'il était Romain à l'époque où Rome fut transportée à Byzance. Le séjour du Pape dans la Rome moderne est-il donc plus nécessaire que ne l'était celui de l'Empereur dans la Rome ancienne?

La Papauté est un embarras pour l'Italie; elle serait un embarras dans tout autre État de l'occident. Si sa présence au contraire pouvait accroître à un degré quelconque l'influence du pays qui la posséderait, ce pays ne serait-il pas jalousé par les autres États?

Nous n'avons pas ici à débattre la question du pouvoir temporel, tout convaincu que nous soyons d'ailleurs personnellement que la Papauté, débarrassée de ce pouvoir, gagnerait en force spirituelle ce qu'elle perdrait de cet autre pouvoir factice qui ne fait qu'entraver ses pas et fausser à chaque instant sa mission. Mais persuadé que si cette grande institution a fini son rôle militant en Europe, elle a encore une vaste mission à remplir en Asie, nous désirons trouver le point géographique d'où elle pourrait diriger avec le plus de succès les lumières du christianisme sur les contrées encore plongées dans les ténèbres, tout en conservant leur chaleur féconde sur les points déjà éclairés. Constantinople nous paraît être ce point géographique.

Nous sommes convaincu que les puissances européennes trouveraient les moyens d'y maintenir la Papauté dans des conditions suffisantes d'indépendance et de sauvegarder la *neutralité absolue* de ce nouveau centre du christianisme.

Nous ne croyons pas nous être éloigné de notre sujet en agitant cette question, qui a son rang, sinon dans l'équilibre des forces matérielles, au moins dans celui des forces morales.

## CONCLUSION

La Révolution allemande est-elle en elle-même une cause suffisante de rupture d'équilibre et de nouveaux conflits? Nous avons essayé de résoudre cette question par la négative; nous croyons même que cet équilibre général est plus parfait que précédemment.

Mais deux conditions sont indispensables pour le maintien de la paix; c'est que, d'une part, l'Allemagne se gardera des excès d'une transformation en soi parfaitement légitime. Elle a donc une grande responsabilité devant l'Europe, dont elle doit éviter avec un soin extrême d'exciter les inquiétudes, les susceptibilités même, et par suite les colères. Elle veut son unité, c'est son droit. Toutefois, ce droit ne doit s'exercer que dans une sphère essentiellement allemande. D'ailleurs, elle n'est pas encore *faite,* et quelle que puisse être chez elle la tendance générale des esprits vers cette unité complète, elle a encore bien des obstacles à surmonter avant d'atteindre ce but; elle a donc un grand intérêt à la tranquillité du dehors.

D'une autre part, il n'est pas moins nécessaire que l'Europe ne s'exagère pas à elle-même les conséquences d'un fait qui devait fatalement se produire tôt ou tard et qui ne peut en rien exciter ses craintes, s'il sait se contenir dans les limites qui lui appartiennent.

Il suffirait donc que l'une de ces deux conditions ne fût pas remplie pour qu'on vît s'élever de nouvelles discordes dans la grande famille européenne. Mais nous avons le ferme espoir que le calme rentrera dans tous les esprits, s'ils parviennent surtout à se soustraire à l'action des causes factices, si souvent plus dangereuses que les causes réelles. On n'aura donc pas assez fait en ménageant les intérêts légitimes respectifs si on ne parvient aussi à ménager les passions.

N'oublions pas d'ailleurs que le problème des nationalités n'est pas complétement résolu, et qu'il va bientôt peut-être se poser sur d'autres points et exiger l'*union européenne*. Jusqu'à sa solution complète, une paix permanente ne pourra être espérée; jusque-là aussi les nations européennes seront fatalement condamnées à subir le ruineux système de paix armée qui les écrase depuis si longtemps; jusque-là enfin, nous le disons avec autant de regret que de conviction, pas de désarmement.

Désirons donc que ce problème soit résolu le plus tôt possible.

AB-TELLI.

Ce 8 septembre 1866.

Paris, imp. BALITOUT, QUESTROY et Cᵉ, 7, rue Baillif.

PARIS

**IMPRIMERIE BALITOUT, QUESTROY ET C<sup>e</sup>,**
7, RUE BAILLIF ET RUE DE VALOIS, 18